NOTE

sur la

DÉCOUVERTE DE LA HOUILLE

DANS L'ARRONDISSEMENT DE VALENCIENNES.

Par Edouard Grar.

(Extrait des Mémoires de la Société d'Agriculture de Valenciennes.)

VALENCIENNES,
TYPOGRAPHIE ET LYTHOGRAPHIE DE A. PRIGNET.
1843.

J. DÉSANDROUIN.

NOTE

SUR LA

DÉCOUVERTE DE LA HOUILLE

DANS L'ARRONDISSEMENT DE VALENCIENNES.

Par Edouard Grar.

(Extrait des Mémoires de la Société d'Agriculture de Valenciennes.)

VALENCIENNES,
TYPOGRAPHIE ET LYTHOGRAPHIE DE A. PRIGNET.
1843.

NOTE

SUR LA

DÉCOUVERTE DE LA HOUILLE

DANS L'ARRONDISSEMENT DE VALENCIENNES,

PAR M. ÉDOUARD GRAR, MEMBRE RÉSIDENT (1).

Messieurs,

Ce n'est pas à des hommes éclairés que je m'arrêterai à démontrer l'utilité que peut offrir l'étude de l'histoire industrielle et commerciale de notre pays, et spécialement de l'histoire de l'industrie houillère, qui a porté chez nous, avec le travail, la vie et la richesse.

Sous le rapport industriel, il y a intérêt évident à prendre l'art, pour ainsi dire, à sa naissance, et à en constater chaque

---

(1) Cette note avait déjà été lue, le 4 mai 1842, dans une séance de la Société du Département du Nord, réunie à Paris sous la présidence de M. Martin, garde des sceaux de France.

progrès ; il y a intérêt aussi à connaître les fautes commises pour les éviter à l'avenir, les impossibilités démontrées pour ne point jeter les capitaux à l'aventure.

Sous le rapport commercial, ou pour parler plus exactement, sous le rapport de l'économie politique, il y a un intérêt non moins grand à connaître comment nos pères procédaient à l'encouragement des industries nées du sol. Le passé, sous ce point de vue, renferme pour nous d'utiles enseignements. Mais ces enseignements ne peuvent ressortir que de faits complets et constatés avec soin.

Convaincu de ces vérités, j'ai depuis long-temps cherché à réunir les documents nécessaires à l'histoire de l'industrie houillère du département du Nord, et mes recherches n'ont point été infructueuses. La plupart des matériaux sont réunis, coordonnés ; le classement de l'ouvrage est arrêté et la rédaction en est commencée. Il est à regretter qu'un travail de cette nature ne soit pas livré à une plume plus habile ; ma compilation (car ce n'est qu'une compilation) deviendrait peut-être une histoire intéressante. Mais si, oubliant l'intérêt dramatique, qu'avec un talent que je n'ai pas, on pourrait donner à certains faits que j'ai recueillis, vous pensez que la publication des documents inconnus ou oubliés, dont je vais chercher à vous donner une idée, peut être utile, votre suffrage sera pour moi un encouragement à continuer mes recherches, et me donnera la satisfaction de penser que je n'ai pas tout-à-fait inutilement employé mon temps.

Vous le savez, Messieurs, les Belges, nos voisins et nos anciens compatriotes, nous ont précédés dans l'exploitation de la houille ; la date de la découverte de ce précieux combustible en Belgique, est toutefois inconnue, et c'est encore une question aujourd'hui que de savoir si elle eut lieu dans le pays de Liége ou dans le Hainaut ; mais le fait est qu'avant la réunion de nos provinces à la France, tout le pays qui forme aujourd'hui le département du Nord tirait son charbon des environs de Mons. Ces mines suffisant aux besoins des contrées qui les entourent, des recherches près de Valenciennes offraient peu d'intérêt alors. Les choses changèrent en 1678, lorsque le traité de Nimègue donna à la France Valenciennes et son territoire. Il n'y avait, dans les nouvelles provinces françaises, aucune exploitation houillère ; en créer une, c'était affranchir, en partie, le pays du tribut qu'il payait à l'étranger. Plusieurs compagnies l'essayèrent vainement et se ruinèrent. Il était réservé à l'infatigable persévérance de la Compagnie Désandrouin, de mener à bonne fin cette louable entreprise. C'est donc à la création de cette Compagnie que commence l'histoire de l'industrie houillère de notre département.

Aujourd'hui, Messieurs, que cette industrie a grandi, qu'elle est arrivée à un développement remarquable, il n'est peut-être pas sans intérêt de jeter un coup-d'œil en arrière et d'assister au pénible enfantement d'un établissement, cause première de la prospérité de notre pays. En parcourant les communes de Fresnes et d'Anzin, villages plus riches et plus populeux que bien des chefs-lieux de préfecture, vous vous êtes sans doute demandé ce qu'étaient ces communes avant la découverte de la houille. Ni Anzin, ni Fresnes ne pouvaient compter 250 habitants. Il y avait à Fresnes 61 maisons, à Anzin 45. Et pour arriver à tant de prospérité, il a à peine fallu un siècle.

Puisque vous voulez bien me le permettre, je vais donc vous dire quels furent les commencements de la Compagnie houillère la plus importante de France. Pour ne point abuser de vos moments et de votre complaisance, je resserre ou je supprime, autant que possible, les détails dans lesquels j'ai cru devoir entrer dans mon travail. Ce n'est point un extrait que je vais avoir l'honneur de vous lire, mais une analyse pour laquelle je réclame, Messieurs, toute votre indulgence.

JACQUES, vicomte de DÉSANDROUIN, né en Belgique, mais fixé

jeune en France, où il servait en qualité de capitaine de dragons, joignait, à une fortune considérable, les connaissances spéciales nécessaires à l'exploitation de la houille. Il conçut le projet de découvrir ce combustible dans les environs de Valenciennes, et organisa, à cette fin, une Société de personnes qu'il choisit. Ce furent son frère, d'abord, P. Désandrouin Desnoëlles, intéressé plus que personne à la réussite de l'entreprise, forcé qu'il était de tirer de Mons le charbon nécessaire à la verrerie qu'il possédait à Fresnes ; puis, P. Taffin, de Douai, procureur-général du conseil provincial du Hainaut. Des autres associés on ne connaît que les noms de Richard et de Désaubois.

J. Mathieu, ingénieur très-éclairé, qui dirigeait les établissements que J. Désandrouin avait aux environs de Charleroy, fut chargé de la direction des travaux. Il partit de Lodelinsart, dont il était le bailly, le 18 juillet 1716, emmenant avec lui sa famille, et 20 jeunes gens, qu'il avait engagés pour un an.

Cependant, les recherches avaient été commencées au village de Fresnes, le 1er juillet, en vertu d'une permission particulière.—Mais la compagnie comprit bien vite, combien il était nécessaire, avant de se livrer aux grands travaux qu'allait nécessiter l'entreprise, de transformer en concession, une autorisation qui n'était que provisoire ; elle s'adressa au conseil d'état du roi, qui lui accorda, par arrêt du 8 mai 1717, suivi de lettres-patentes du 4 août, le privilége exclusif, pendant 15 ans, de rechercher et de tirer du charbon dans tout le terrain compris entre la Scarpe et l'Escaut de Douai à Condé et entre l'Escaut et le Honneau de Condé à Valenciennes et à Rombies.

En cette même année 1717, la compagnie, après avoir dépensé 47,000 florins (58,750 fr.) *pour épreuve,* la compagnie, disons-nous, dut se dissoudre. Immédiatement reconstituée, elle conserva toutes les personnes connues faisant partie de sa devancière.

Encouragée par l'arrêt de concession, elle continua ses travaux. 2 fosses avaient été commencées le 1er juillet 1716, à Fresnes, sur le bord du chemin qui conduit de Condé à Valenciennes, au lieu dit *le Point du Jour*. Il fallut les abandonner. 4 autres eurent successivement le même sort. Ouvertes à 300 toises environ de l'Escaut et à pareille distance du chemin de Valenciennes, les 2 premières étaient situées à 600 mètres environ au sud-ouest du *Point du Jour* et les deux autres au *Ponchelet*, sur Escaupont. L'impuissance des machines, dont on se servait pour puiser l'eau qui les remplissait, fut la cause de leur abandon.

Ces fosses n'étaient probablement pas de la dimension de celles faites plus tard ; car on voit que, vers la fin de 1718, on ouvrit 2 *grandes fosses* à une demi-lieue environ des 6 premières, à l'entrée du bois de Condé, à l'endroit appelé *l'Enclos de Colard*, d'où le puits qu'on destinait à l'extraction prit le nom de *Jeanne Colard*.

Ce fut dans la première de ces 2 fosses, après un travail qui dura 18 mois, jour et nuit, qu'on découvrit la houille. On arriva, le 3 février 1720, sur une veine d'une épaisseur de 4 pieds environ. On en tira 2 charretées de charbon, « Ce qui a été reconnu, dit l'arrêt auquel nous devons ces détails, d'une bonne partie de la ville de Condé qui se rendit sur les lieux, ainsi que plusieurs habitants de Valenciennes, Douai et autres lieux, qui, pleins de joie de cette découverte, en prirent chacun un morceau pour l'emporter chez eux. »

À la nouvelle d'une découverte aussi importante, M. d'Argenson, intendant du Hainaut, se rendit sur les lieux avec l'ingénieur en chef de Valenciennes, à l'effet de constater l'état des travaux ; la nécessité d'achever la seconde fosse fut reconnue ; mais déjà les dépenses avaient été telles que les associés pouvaient hésiter à les continuer. 114,750 florins (139,000 f. environ) avaient été dépensés en travaux inutiles. Le gouvernement vint au secours de la compagnie : un arrêt du conseil lui accorda une gratification de 35,000 livres et une prorogation de privilége pendant 5 ans.

Ces encouragements donnèrent aux entrepreneurs une nouvelle énergie. Rien ne fut négligé pour arriver à la jonction des 2 fosses. Pour se rendre maître des eaux, on inventa le cuvelage carré avec le piccotage, invention sans laquelle la découverte du charbon fût restée stérile. Enfin les 2 fosses étant arrivées dans le rocher, on pratiqua une galerie dans laquelle on découvrit une belle veine, le 14 novembre 1720. On tira pour environ 2,000 livres de charbon, ou à peu près 300 chariots.

Ce résultat, qui donna lieu à de grandes réjouissances, faisait concevoir les espérances les plus belles, lorsque, la veille de Noël 1720, une source, rompant une planche qui, malheureusement, était de hêtre au lieu de chêne, fit irruption et submergea les travaux.

Cet accident faisait perdre aux entrepreneurs plus de 20,000 livres. — De plus, ils n'avaient pu profiter de la gratification de 35,000 livres accordée précédemment, parce qu'elle leur avait été payée en billets de banque alors que ces billets étaient de nulle valeur. Ils s'adressèrent de nouveau au gouvernement qui, par arrêt du 23 mai 1721, leur donna 200 chênes de la forêt de Mormal.

On tenta de porter remède au mal ; mais on n'y put parvenir. L'appui du gouvernement, la persévérance des principaux associés, les dépenses nouvelles contractées par la compagnie, tout fut inutile ; le 15 juillet 1721, l'abandon de l'entreprise fut résolu, les fosses furent comblées ; les machines, les pompes, les chevaux, tout fut vendu.

J. Désandrouin, cependant, était doué d'un courage qui semblait croître avec les obstacles. Il lui suffisait de savoir que le territoire renfermât de la houille, pour qu'il ne désespérât point d'arriver à l'extraire. P. Taffin partageait cette confiance qu'ils eurent le bonheur de communiquer à quelques capitalistes. Une troisième société fut formée : Richard et Mathieu, le directeur de l'établissement, restèrent seuls fidèles à MM. Désandrouin et Taffin. Désaubois, au nom de qui la concession avait été donnée, ne put être retenu. P. Désandrouin, pour la nouvelle société, se rendit adjudicataire du mobilier lors de la vente qui eut lieu sur affiches, et obtint un arrêt du 22 février 1722, qui le subrogea aux droits des associés qui abandonnaient et fit défense à Désaubois et autres de le troubler.

On fit de nouveaux fonds et les préparatifs les plus vigoureux ; les travaux recommencèrent, toujours sous la direction de J. Mathieu. 2 nouvelles fosses, qui prirent le nom de *Peau de loup,* furent ouvertes près la pâture *Colard,* au midi des 2 fosses submergées, et les travaux en furent si heureusement conduits, qu'en août 1724 on y découvrit une belle veine de charbon propre à la cuisson des briques et de la chaux.

C'est à partir de cette époque que l'exploitation de Fresnes commença réellement pour ne plus être interrompue. C'était un heureux résultat, sans doute, mais incomplet. Le charbon découvert ne servait qu'à la cuisson des briques et de la chaux ; il en fallait trouver qui fût propre au chauffage domestique et susceptible d'être employé dans les usines et les ateliers. La compagnie sentait ce besoin, d'autant plus que le produit des mines de Fresnes ne compensait point alors les dépenses qu'elle était obligée de faire. Elle fit donc de nouveaux fonds, construisit de nouvelles machines, et recommença ses recherches.

De 1725 à 1732, elle tenta sans succès 9 puits, sur les territoires d'Aubry, d'Estreux, de Bruai, de Quarouble, de Crespin, et de Valenciennes. Elle dépensa dans ces recherches, en ouvrages à corvée, 204,000 fr. « C'est ainsi, dit J. Désandrouin, que depuis 1724 jusqu'en 1732, les entrepreneurs sacrifièrent successivement chaque année des sommes immenses ; et comme si ce n'eût pas été assez de toucher au dernier période de la ruine la plus complète, ils avaient encore l'amertume de voir l'étranger se réjouir de leur désastre ; tandis que les habitants du Hainaut, quoiqu'intéressé à la découverte, blâmaient ouvertement les dépenses faites jusqu'ici pour le succès d'un projet qui, suivant eux, était attesté chimérique par les tentatives infructueuses de plusieurs siècles. »

« L'inutilité de ces dernières épreuves, et la médiocrité des produits des mines de Fresnes, eu égard aux dépenses, n'étaient que trop capables de décourager une compagnie dont la constance chancelait depuis long-temps. Le vicomte Désandrouin engagea ses associés à faire une recherche, qu'il leur promit être la dernière, s'il avait le malheur d'échouer. La confiance qu'il s'était acquise ranima le courage abattu » et les travaux furent recommencés.

L. Mathieu, petit-fils de Jacques, raconte autrement la reprise des travaux : « M. de Séchelles, dit-il, alors intendant de Valenciennes, voyant le désespoir des entrepreneurs, et jugeant que s'ils abandonnaient les recherches, personne après eux ne serait tenté d'y revenir, et que le charbon, supposé qu'il existât, serait perdu pour toujours ; cette considération du bien public le détermina à engager les entrepreneurs à faire encore quelques efforts pour réussir, leur promettant les faveurs et la protection du gouvernement.

« Le sieur Mathieu (Pierre, fils de Jacques), voyant sa compagnie désolée au moment de réussir, communiqua ses idées à M. de Séchelles ; il lui représenta qu'ayant trouvé pour la première fois, depuis 1716 jusqu'en 1732, 3 petits filons de charbon de maréchal, il était de la plus grande probabilité qu'on découvrirait les grands corps de veines au nord, puisqu'on n'avait rien trouvé vers le midi, dans les endroits où on avait travaillé ; qu'il voyait à regret ses co-associés dans le sentiment d'abandonner. M. de Séchelles, qui aimait le sieur Mathieu, l'ayant vu travailler pendant plusieurs années avec toute l'activité dont il était capable, résolut de déterminer toute la compagnie à reprendre ses travaux en leur promettant bonne fortune, ce qui ne manqua pas d'arriver. »

De ces deux versions, quelle est la plus sincère? Nous ne saurions le dire. Mais toujours est-il que, dans la riche dotation qui depuis lors fut faite à notre pays, une belle portion de gloire et de reconnaissance revient à MM. Désandrouin et Mathieu et même à M. de Séchelles.

Quoi qu'il en soit, la reprise des travaux une fois décidée, on s'établit le 26 août 1733, à Anzin, près la porte de Valenciennes, sur la rive gauche du pavé de Condé, où on commença une fosse. « On avait précédemment, dit L. Mathieu, tiré beaucoup de pierres blanches dans le même endroit ; ce qui fit jaser le public ignorant, qui s'écriait que la compagnie allait chercher le noir dans le blanc. » Après 10 mois de travaux que M. de Séchelles ne cessa d'encourager par sa présence, travaux qui n'eurent de relâche ni jour ni nuit, on découvrit, le 24 juin 1734, de la houille, qui, par les essais qu'on en fit, fut jugée convenir à tous les usages, et surpasser celle de l'étranger.

Ce n'est qu'à cette époque (1734), qu'on peut fixer le commencement utile de cette exploitation devenue plus tard si florissante. Ce n'est qu'après 18 ans de recherches que la compagnie Désandrouin découvrit enfin la mine qui lui donnait l'espoir d'être un jour dédommagée de ses pénibles travaux. Cette première gaillette de charbon gras coûta 4,000,000 fr., nous dit la compagnie d'Anzin; et J. Désandrouin nous apprend que pour sa part il versa 300,000 fr. avant de retirer aucun bénéfice. La fosse, origine de la fortune de la compagnie, dite *Fosse du pavé,* était le vingt-neuvième puits que l'on creusait depuis 1716. Treize avaient été inutilement tentés; sept avaient servi auparavant à l'extraction du charbon de Fresnes, quatre à l'épuisement des eaux et à donner de l'air.

Les travaux exécutés aujourd'hui pour le percement d'un puits ne peuvent donner aucune idée de ceux qu'il était alors indispensable de faire. Je ne vous dirai pas, Messieurs, les difficultés rencontrées à chaque pas dans la *Fosse du pavé*. Figurez-vous seulement 18 corps de pompes fonctionnant en même temps pour passer les niveaux ; le premier de ces niveaux ne pouvant être contenu par le cuvelage nouvellement inventé, et nécessitant un aqueduc souterrain conduisant à la rivière l'eau qui en provenait. Figurez-vous surtout l'impossibilité de manœuvrer la machine destinée à monter la terre, à cause des 18 corps de pompes, et la terre montée à dos d'hommes ; et vous serez tentés de croire que ceux qui dirigeaient la compagnie étaient doués d'une volonté plus qu'humaine.

J'ai dit qu'on doit à la compagnie Désandrouin l'invention du cuvelage ; et, en effet, dans les exploitations belges, les veines étant pour ainsi dire à la surface du sol, on n'avait point encore eu besoin de garantir les puits des eaux des niveaux. Chez nous, où il fallait aller chercher plus profondément la mine, il devenait indispensable de suspendre sur la tête du mineur ces masses qui menaçaient de l'engloutir. La compagnie y parvint.

J Désandrouin, suivant les uns, P. Mathieu, suivant les autres, substituèrent au boisage ordinaire qui servait à maintenir les terres, « un boisage de madriers de chênes très-épais, dit la compagnie dans un de ses Mémoires, et si artistement arrangé, qu'il forme un trou de 7 pieds carrés perpendiculaire, jusqu'à 900 pieds. »

C'est aussi à la compagnie Désandrouin qu'on doit l'introduction en France de la machine à vapeur. Vous savez, Messieurs, que la découverte de l'emploi de la vapeur, attribuée par les

Anglais au comte de Worcester, et par les Français à Salomon de Caus, appartient à ce dernier et daté de 1615. C'est également un Français, Denis Papin, qui inventa la machine telle que nous la concevons aujourd'hui. Mais ses expériences n'ayant été faites que sur de simples modèles, Newcomen et Cawley, artisans anglais, eurent l'honneur de réaliser l'idée de Papin en 1705. Leurs machines, connues sous le nom de machines de Newcomen, et chez nous sous le nom de machines à feu, se répandirent promptement en Angleterre.

Si on en croit les comptes-rendus des ingénieurs des mines, la première machine à vapeur introduite en France l'aurait été en 1749, sur une houillère de Litry. Mais c'est en 1732, avant la découverte du charbon d'Anzin, que l'on vit pour la première fois en France fonctionner une machine à vapeur, et ce fut sur la houillère *des petites Fosses*, au village de Fresnes, où le célèbre Bellidor vint prendre les plans qu'il publia dans son architecture hydraulique. La date de 1732 est authentiquement prouvée par la requête qui précède un arrêt du conseil d'état du 29 mars 1735; et une note de la main de J. Mathieu nous apprend qu'on commença à poser cette machine en 1731; elle coûta 75,000 fr. Pour tirer l'eau d'une seule fosse, il fallait, avec l'ancienne machine, 20 hommes et 50 chevaux marchant jour et nuit; une fois la machine à feu montée, deux hommes suffirent, et toutes les eaux d'une semaine furent enlevées en 48 heures.

J'ai essayé, Messieurs, de vous dire comment, en moins de deux ans, au milieu d'obstacles qu'on croyait insurmontables, aux risques d'une ruine complète, quelques hommes courageux découvrirent la houille à Fresnes et à Anzin, et en rendirent l'exploitation possible par l'invention du cuvelage et l'introduction de la machine à vapeur. Et ces hommes sont à peine connus! Peut-être même quelques-uns des noms de ceux qui apportèrent leur coopération à cette œuvre immense, et par elle-même et par ses résultats, peut-être même, dis-je, quelques-uns des noms de ces hommes ne sont-ils pas venus jusqu'à vous, tant jusqu'ici on a pris peu de soin de les conserver au pays qui leur doit sa prospérité.

A côté de la pyramide de Denain et de la colonne Dampierre élevées à notre gloire militaire, gloire malheureusement inséparable de l'idée de destruction, n'y aurait-il pas quelque place pour la gloire toute pacifique de J. et P. Désandrouin, de P. Taffin, de J. et P. Mathieu, de ces hommes qui ont fait d'un pays si souvent dépeuplé par la guerre le pays le plus peuplé de la France, d'un pays pauvre un pays riche ?

Depuis deux ans seulement, le Musée de Valenciennes possède le portrait de J. Désandrouin que lui a donné M. Albert Lenglé. Rien ne rappelle le souvenir de la découverte de la houille à Fresnes ; une plaque de cuivre placée dans un des bureaux du chantier de la Compagnie, là où fut la Fosse du pavé, indique qu'on y découvrit le charbon. On y lit les noms de Désandrouin et Taffin. Je n'ai trouvé le nom de l'ingénieur Mathieu qu'à l'église d'Anzin ; dans la nef droite, sur une pierre qui fait corps avec le pavé, on peut lire encore une inscription qui s'efface ; elle est ainsi conçue :

>Ici reposent les corps
>Du Sr. Pierre Mathieu, qui
>Fit la découverte du
>Charbon de terre au village
>D'Ansin, le 24 juin 1734, en
>Qualité de directeur et
>Intéressé, décédé le 25
>Janvier 1778, âgé de 74 ans.......
>..............................

www.ingramcontent.com/pod-product-compliance
Lightning Source LLC
Chambersburg PA
CBHW060456050426
42451CB00014B/3358